ELLOS CAMBIARON el MUNDO

Por Margaret Lysecki y Jon Murray

CELEBRATION PRESS
Pearson Learning Group

Contenido

Ayudar a otros....................3
Nelson Mandela....................4
Faith Bandler....................9
César Chávez....................13
Medha Patkar....................18
Craig Kielburger....................22
Índice....................24

Craig Kielburger

Canadá

Estados Unidos

César Chávez

Ayudar a otros

¿Has soñado alguna vez con ser un héroe o hacer algo para cambiar el mundo? Este libro cuenta las historias de cinco personas que han trabajado para hacer del mundo un lugar mejor. Todos ellos han trabajado mucho para que en todas partes, se trate a la gente con igualdad. Lee sobre estas personas especiales y los esfuerzos que han hecho para ayudar a otros.

Medha Patkar

Faith Bandler

Nelson Mandela

Nelson Mandela

(nació en 1918)

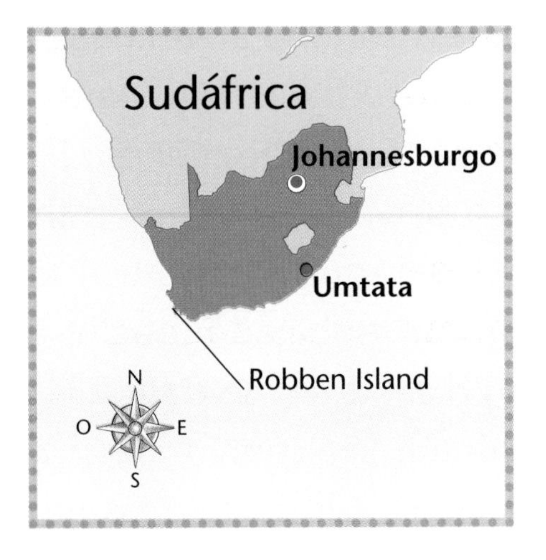

Leyenda del mapa
Ciudad
Pueblo

Nelson Mandela nació el 18 de julio de 1918, cerca de Umtata, en Sudáfrica. Desde temprana edad, Nelson supo que los sudafricanos blancos tenían más libertad que los sudafricanos negros. Pensó que eso estaba mal.

Cuando Nelson se graduó de secundaria, pocas universidades aceptaban estudiantes negros. Nelson estaba decidido a estudiar en la universidad. En 1942, terminó sus estudios de licenciatura en una universidad en Johannesburgo. El mismo año, Nelson comenzó a estudiar para ser abogado. Quería cambiar las leyes que eran injustas para los sudafricanos negros.

En 1942, Nelson se unió a un grupo llamado Congreso Nacional Africano, o ANC, según sus siglas en inglés. Este grupo usaba métodos pacíficos para luchar contra el trato injusto hacia los negros. Nelson trabajó arduamente. También era un buen orador. En 1952, se había convertido en uno de los líderes del grupo. Ese mismo año, abrió la primera oficina de abogados negros en Sudáfrica y trabajó para ayudar a las personas que sufrían bajo las leyes de segregación racial del gobierno.

Leyes injustas

Desde 1948 hasta 1991, el gobierno de Sudáfrica impuso leyes de segregación racial. Estas leyes separaban a las personas según su raza y trataban injustamente a los que no eran blancos. En muchos lugares públicos había letreros que separaban a blancos y no blancos. Nelson trató de convencer al gobierno de que las leyes de segregación racial no eran justas para todos.

Como uno de los líderes del ANC, Nelson celebró reuniones, organizó marchas y encabezó huelgas. A pesar de todo, las leyes de segregación racial no cambiaron. Pero Nelson y el ANC enojaron al gobierno.

En 1964, Nelson fue llevado a juicio y sentenciado a cadena perpetua por trabajar en contra del gobierno. Se paralizó la lucha de Nelson por la paz e igualdad de oportunidades para todos. En prisión, se mantuvo firme y fiel a sus ideales. Nelson también mantuvo la esperanza de que el tratamiento a los negros mejoraría en el futuro.

Protestas pacíficas

Nelson encabezó marchas y huelgas en Sudáfrica. Durante una huelga, los trabajadores se niegan a trabajar o los estudiantes rehúsan ir a la escuela hasta que algo cambie. Las huelgas pueden ser formas pacíficas, pero efectivas, para cambiar ciertas cosas, como las leyes. En 1961, Nelson habló en la conferencia panafricana. Advirtió que habría una huelga si no se daba participación a los sudafricanos negros en la creación de un nuevo gobierno.

Nelson pasó dieciocho años de su condena en Robben Island, cerca de la costa sudafricana.

En 1994, Nelson volvió a visitar su celda en la prisión de Robben Island, donde estuvo preso de 1964 a 1982.

Finalmente, las cosas cambiaron. En los años 1980, la gente de todo el mundo estaba preocupada por la manera en que se trataba a los negros en Sudáfrica. La gente también estaba preocupada por el castigo que se le había impuesto a Mandela y trataron de convencer al presidente de Sudáfrica de que liberara a Nelson. Tardó veintiséis años, pero al fin, en 1990, se puso en libertad a Nelson. Luego, en 1991, el sistema de segregación racial comenzó a desmoronarse.

En 1993, el mundo entero honró a Nelson Mandela por su coraje y firmeza. Recibió el Premio Nobel de la Paz. Un año después, Nelson fue elegido presidente del país que lo había puesto en la cárcel.

Nelson compartió el Premio Nobel de la Paz con F. W. de Klerk, presidente de Sudáfrica de 1989 a 1994.

En 1998, Nelson ayudó a fundar el Fondo Nelson Mandela para los Niños en Canadá.

En 1994, Nelson creó el Fondo Nelson Mandela para los Niños. Desde entonces, muchos países han fundado organizaciones de caridad para ayudar al fondo de Nelson. Estas organizaciones recaudan dinero para ayudar a los niños sudafricanos necesitados.

Cuando Nelson terminó su presidencia en 1999, se retiró. No obstante, continúa haciendo cosas importantes en todo el mundo. Da discursos y organiza actos con fines caritativos.

Fechas importantes en la vida de Nelson Mandela

1918 Nace Nelson Mandela.

1942 Se gradúa de licenciado y se une al ANC.

1964 Sentencian a Nelson a cadena perpetua.

1990 Es puesto en libertad.

1993 Nelson recibe el Premio Nobel de la Paz.

1994 Es elegido presidente de Sudáfrica.

1999 Nelson se retira a los ochenta y un años.

Faith Bandler

(nació en 1918)

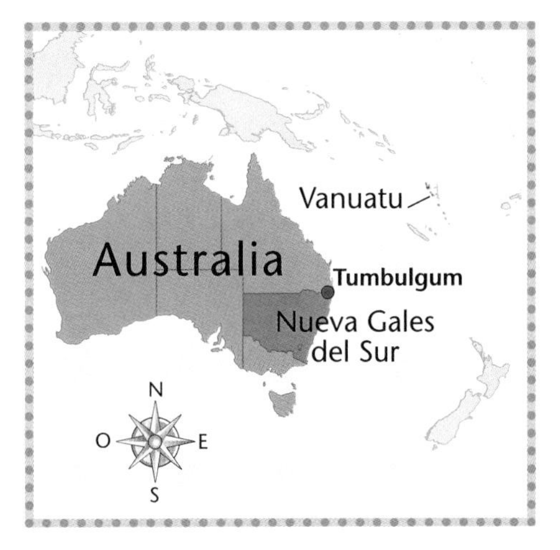

Leyenda del mapa

● Pueblo

Faith Bandler nació en Tumbulgum, en Nueva Gales del Sur, Australia, en 1918. Sus padres provenían de culturas diferentes. Su madre tenía sangre india y escocesa. Su padre era un isleño de Vanuatu, en los Mares del Sur, y murió cuando Faith tenía cuatro años. Su madre y una familia vecina criaron a Faith y sus siete hermanos. El padre de Faith había sido esclavo y su vida la inspiró a luchar por los derechos de otros.

Mientras Faith crecía, se daba cuenta que a muchas personas se les trataba injustamente. Cuando tenía catorce años, vio a un grupo de estudiantes que se burlaba de una muchacha judía. Faith trató de detener a los estudiantes, pero sólo logró que se pusieran en contra de ella. Su interés por los derechos humanos comenzó a crecer.

Trato injusto

Los aborígenes australianos y los isleños del Estrecho de Torres fueron los primeros habitantes de Australia. Hasta los años 1960, los aborígenes no tenían los mismos derechos que los demás australianos. No podían votar y además, se les trataba injustamente en la educación, el cuidado de la salud y los trabajos. Con frecuencia tenían que sentarse en secciones aparte en los autobuses y cines.

Faith vestía un uniforme especial cuando trabajaba para el Ejército Terrestre.

Este cartel se hizo en 1943, para inspirar a las mujeres australianas a unirse al Ejército Terrestre.

Cuando comenzó la Segunda Guerra Mundial en 1939, Faith tenía poco más de veinte años. En 1942, se unió al Ejército Terrestre de Mujeres de Australia. Trabajó en granjas, cultivando alimentos para los soldados australianos que combatían en el extranjero. Fue entonces cuando vio que se trataba injustamente a las mujeres aborígenes. Faith se escandalizó al saber que se les pagaba menos que a las demás mujeres.

Faith comenzó a trabajar para obtener igualdad de derechos para los aborígenes. Con el tiempo, personas de todas las razas comenzaron a apoyar su causa. Faith logró que miles de personas firmaran peticiones. Estas peticiones eran cartas que le pedían al gobierno que celebrara un referendo. El referendo permitiría a la gente votar sobre si los aborígenes debían tener los mismos derechos que el resto de los ciudadanos australianos.

Faith se ganó el apoyo de muchas personas en ayuda de su causa. De izquierda a derecha, Fred Moore, Wanjak Marika, Faith Bandler, Ken Brindle y Phillip Roberts.

En 1967, el gobierno australiano aceptó celebrar un referendo. Nueve de cada diez personas votaron a favor de la igualdad de derechos para los aborígenes. El arduo trabajo de Faith había logrado algo importante. Finalmente, los aborígenes tuvieron los mismos derechos que los demás australianos.

En la actualidad, gente de todo el mundo honra y admira a Faith. A sus más de ochenta años, Faith continúa logrando cosas importantes. Ha escrito varios libros y anima a otros a seguir sus pasos.

En 2000, Faith recibió el Premio de la Fundación Sydney por la Paz de manos de su ídolo, Nelson Mandela.

César Chávez

(1927–1993)

Leyenda del mapa

Ciudad

César Chávez nació en 1927 cerca de Yuma, Arizona, de padres mexicanos. Su familia vivió en una granja en Arizona hasta que él cumplió diez años. Su padre era dueño de una tienda de abastecimientos y a la familia le iba bien.

En 1937, el negocio de los Chávez se arruinó y el padre de César no podía encontrar trabajo. Al año siguiente, sus padres mudaron a la familia a California. Allí trabajaron en granjas y viñedos como trabajadores migratorios, mudándose de un lugar a otro para recoger cosechas.

César y sus cinco hermanos iban a la escuela por la mañana y trabajaban en el campo por la tarde. La escuela se les hacía difícil a los niños porque no se quedaban por mucho tiempo en un mismo lugar.

La mayoría de los niños migratorios no terminaban el octavo grado, pero César lo logró. A los quince años, comenzó a trabajar en el campo a tiempo completo. César abandonó el trabajo agrícola para alistarse en 1944 en la Marina de Estados Unidos. Combatió en la Segunda Guerra Mundial. A su regreso a casa, volvió a trabajar en el campo. En 1948, se casó con Helen Fabela.

Trabajadores ambulantes

Los trabajadores migratorios se mudan de un lugar a otro para recoger cosechas. Las cosechas se recogen en distintas épocas del año en lugares diferentes, de modo que los trabajadores migratorios siempre están mudándose. El sueldo es generalmente poco y el trabajo es duro. Muchos trabajadores migratorios son de otros países. César (en el centro) ayudó a trabajadores migratorios como estos recolectores de uvas.

César (a la derecha) animó a los trabajadores agrícolas a inscribirse para votar.

Un grupo llamado Organización de Servicio Comunitario pidió en 1952 a César que trabajara para ellos. Esta organización educaba a las personas sobre sus derechos y trabajaba para obtener la igualdad de derechos para todos. César y su esposa comenzaron a enseñar a leer y escribir a los trabajadores inmigrantes para que pudieran hacerse ciudadanos estadounidenses. Como ciudadanos, estos trabajadores podrían votar por cosas como un mejor sueldo y condiciones de trabajo más seguras.

César quería hacer más para ayudar a los trabajadores migratorios. En 1962, dejó su trabajo y fundó un sindicato para trabajadores agrícolas llamado Sindicato Nacional de Trabajadores Agrícolas o UFW, según sus siglas en inglés. César pidió a los trabajadores que lo ayudaran. Les prometió que sólo usarían métodos pacíficos para pedir mejores sueldos y condiciones de trabajo más seguras.

César era un líder fuerte y los miembros del sindicato confiaban en él. En 1965, encabezó una huelga contra los cultivadores de viñedos. Los recogedores de uvas no estaban satisfechos con su paga, ni con sus horas de trabajo, ni con la forma en que se les trataba. Se negaron a recoger las uvas, por lo que éstas se pudrieron. Cinco años después, los cultivadores de viñedos accedieron a los cambios.

Los trabajadores se unen

Un sindicato es un grupo de trabajadores que se crea para proteger los intereses y derechos de sus miembros. El sindicato puede ayudar a resolver problemas que los trabajadores no pueden resolver por sí mismos. El Sindicato Nacional de Trabajadores Agrícolas trabajaba para cambiar las vidas de los trabajadores migratorios. Al ser su líder, César (al centro) los condujo en marchas, huelgas y boicots pacíficos.

En un mitin en 1986, César exprimió uvas en señal de protesta.

En 1973, los trabajadores volvieron a disgustarse con los cultivadores de viñedos, e hicieron marchas y huelgas. César hizo huelgas de hambre. Las protestas pacíficas lograron cambios importantes. Mucha gente en todo el país apoyó al boicotear, o negarse a comprar, uvas y otras cosechas. Finalmente, los dueños de granjas accedieron a pagarles más a los trabajadores y a darles mejores lugares de trabajo.

En 1991, los mexicanos honraron a César con el Premio Águila Azteca. Dos años más tarde, César murió. Después de su muerte, César recibió la Medalla Presidencial de la Libertad de Estados Unidos. En 1994, su familia creó la Fundación César E. Chávez para inspirar a otros a continuar el trabajo de César.

La esposa de César y sus ocho hijos aceptaron la Medalla Presidencial en nombre de César.

Medha Patkar

(nació en 1954)

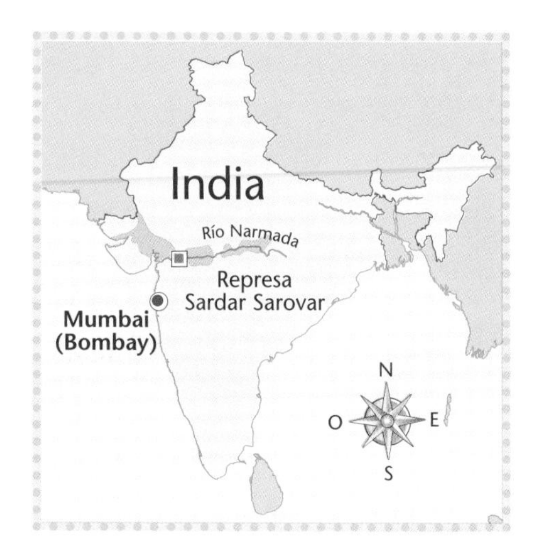

Leyenda del mapa

- Río
- Ciudad
- Represa Sardar Sarovar
- Áreas donde las represas suministrarían agua

Medha Patkar nació en 1954 en Bombay, India. Sus padres trabajaban por los derechos humanos. Medha también quería ayudar a mejorar las cosas para la gente. Cuando tenía poco más de veinte años, comenzó a trabajar para ayudar a la gente de las comunidades pobres.

A mediados de los años 1980, luego de obtener su título de maestría, Medha viajó al valle del Narmada para hacer investigaciones. Una vez allí, Medha supo que el gobierno de la India planeaba construir represas a lo largo del río Narmada. Medha sabía que las represas inundarían la tierra y las casas cercanas al río.

Represas en los ríos de la India

A menudo, se necesitan represas en los ríos para suministrar agua a las áreas secas. Sin embargo, las represas planeadas en el río Narmada hubiesen causado la inundación de miles de acres de tierra. Cientos de miles de personas y animales habrían perdido además sus hogares. Medha enseñó a la gente a protestar pacíficamente contra la construcción de estas represas.

Medha encabezó un grupo para impedir que el gobierno construyera las represas. Comenzó a hablar sobre los problemas que causarían las represas. Medha llevó la información de una aldea a otra, y también encabezó marchas pacíficas y dio discursos a grandes multitudes. Debido a ello, la policía arrestó y golpeó a Medha por considerarla problemática. Pero ella no se rindió. En 1991, Medha se declaró en huelga de hambre para tratar de que la gente la escuchara.

Medha habla a sus seguidores en un bote en el río Narmada.

La gente escuchó a Medha. En 1991, el gobierno estudió los planes para las represas y los problemas que éstas causarían. Algunas de las personas que iban a pagar por las represas decidieron no dar dinero para el proyecto. En 1992, Medha recibió el Premio Medio Ambiental Goldman de una fundación protectora del medio ambiente en Estados Unidos.

Fechas importantes en la vida de Medha Patkar

1954	Nace Medha Patkar.
Años 1970	Medha comienza a trabajar en comunidades pobres.
Años 1980	Se une al grupo del río Narmada.
1991	Medha protesta al declararse en huelga de hambre.
1992	Recibe el Premio Medio Ambiental Goldman.
1999	Medha continúa sus protestas contra las represas.

La Represa Sardar Sarovar se construye en etapas. En 1999, el dique tenía casi 300 pies de alto.

A pesar de la falta de dinero, algunos planes de las represas siguieron adelante. En protesta, Medha se declaró varias veces más en huelga de hambre. En 1994, se le arrestó otra vez por negarse a abandonar una aldea que se iba a inundar.

Hasta ahora, Medha no ha podido detener la construcción de las represas. En la actualidad trabaja para asegurar que el gobierno instale en lugares nuevos a las personas que tienen que abandonar sus hogares. Medha quiere que se les trate de una forma justa. Medha continúa su trabajo para mejorar las vidas de la gente del río Narmada.

En 1999, Medha encabezó otra marcha para protestar contra la construcción de las represas.

Craig Kielburger

(nació en 1982)

Artículo de periódico
El artículo que Craig leyó hablaba acerca de un niño paquistaní de doce años al que se le obligó a trabajar en una fábrica de alfombras. El niño escapó, pero lo asesinaron por haber contado su historia.

Craig Kielburger nació en 1982 en Toronto, en Ontario, Canadá. Cuando tenía doce años, leyó un artículo de periódico titulado "Niño, de 12 años, asesinado por denunciar el trabajo infantil". El artículo indignó a Craig, por lo que habló con unos amigos y juntos fundaron una organización llamada *Kids Can Free the Children* (Los Niños Pueden Liberar a los Niños). Desde 1995, Craig ha recaudado dinero para mejorar las condiciones de vida de los niños necesitados de todo el mundo. El dinero ayuda a pagar, entre otras cosas, nuevas escuelas y suministros médicos.

A los trece años, Craig habló sobre el trabajo infantil con personas en Nueva Delhi, India.

Craig viaja también por todo el mundo, hablando en defensa de los derechos de los niños. En 1999, Craig y su hermano fundaron *Leaders Today* (Líderes de Hoy). Esta organización enseña a los niños de todo el mundo a convertirse en ciudadanos activos.

Craig ha escrito dos libros y creado un sitio Web para ayudar a los niños que quieran cambiar el mundo. Ha inspirado a cientos de miles de jóvenes a unirse a sus organizaciones. Craig ha sido reconocido por su trabajo con varios premios. En 2002 y 2003, estuvo nominado al Premio Nobel de la Paz. Craig continúa haciendo cosas importantes para los niños de todo el mundo, incluso mientras estudia en la Universidad de Toronto.

En 2002, Craig pronunció un discurso en el que pidió a los gobiernos que hicieran más para mejorar las vidas de los niños.

Índice

aborígenes 10, 11, 12
Australia 3, 9, 10, 11, 12
Bandler, Faith 3, 9–12
Canadá 2, 8, 22, 23
Chávez, César 2, 13–17
Congreso Nacional Africano 5, 6, 8
Ejército Terrestre de Mujeres 11
Estados Unidos 2, 13, 20
huelga de hambre 17, 19, 21
huelgas 6, 16, 17
India 3, 18, 23
Kielburger, Craig 2, 22–23
Mandela, Nelson 3, 4–8, 12
marchas 6, 16, 19, 21
Patkar, Medha 3, 18–21
Premio Nobel de la Paz 7, 8, 23
protestas 6, 17, 19, 21
Represa Sardar Sarovar 18, 21
represas 18, 19, 20, 21
río Narmada 18, 19, 20, 21
Robben Island 4, 7
segregación racial 5, 6, 7
Segunda Guerra Mundial 11, 14
sindicato 15, 16
Sudáfrica 3, 4, 5, 6, 7, 8
trabajadores migratorios 13, 14, 16, 17
trabajo infantil 22, 23
voto 10, 11, 12, 15